RE-CORDIS

re-cordis

ágnes souza

© Moinhos, 2016.
© Ágnes Souza, 2016.

Edição:
Camila Araujo & Nathan Matos

Revisão:
LiteraturaBr Serviços Editoriais

Diagramação e Projeto Gráfico:
LiteraturaBr Serviços Editoriais

Ilustração da Capa & Capa:
Lily Oliveira

1ª edição, Belo Horizonte, 2016.

Nesta edição, respeitou-se o novo
Acordo Ortográfico da Língua Portuguesa.

S729r
Souza, Ágnes | re-cordis
ISBN 978-85-92579-04-3
CDD 869.91
Índices para catálogo sistemático
1. Poesia 2. Poesia Brasileira I. Título

Belo Horizonte:
Editora Moinhos
2016 | 80 p.

Todos os direitos desta edição reservados à
Editora Moinhos
editoramoinhos.com.br
editoramoinhos@gmail.com

*para alda e tarcísio,
meus pais.*

foi
e ainda é
uma aventura tremenda

matilde campilho

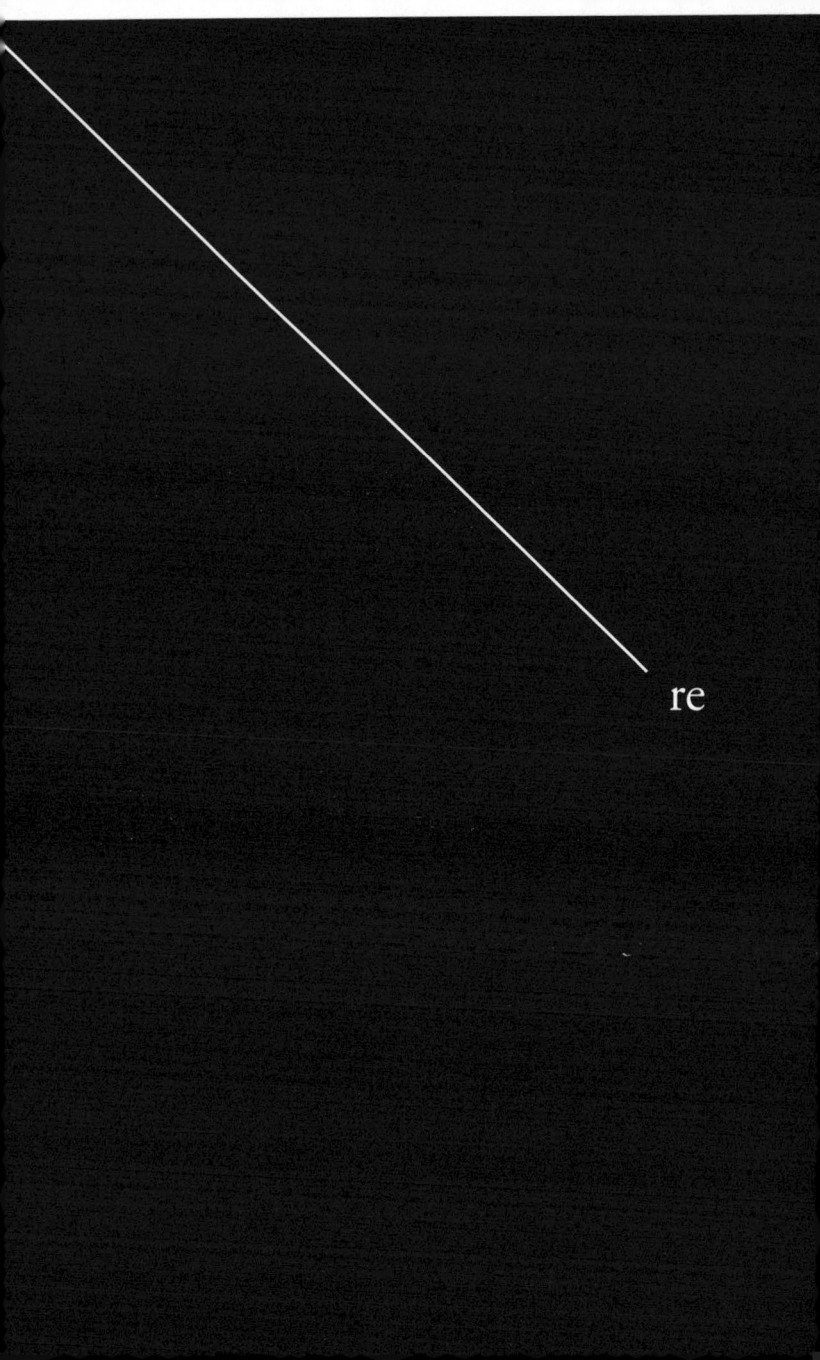

escova de dente

um dia, talvez,
me comovas
ao ver minh'alma
e a tua enganchadas
como duas escovas.

abril

arrepio miúdo
acaba por tomar conta
de tudo.

morada

casa sem janela,
e eu via o mundo inteiro,
por cima do ombro dela.

dezembro

dezembro,
tempo de tinta
nas paredes...
tempo de pintar
os poros
e o coração.

luz vermelha

dançou,
amou,
bebeu e morreu como um ocaso.

efervescente

nem tudo que
se (ex)cita
se sente.

chêro

o amor tem olfato seletivo
dentre todos os sentidos
o cheiro
ataca a quem ama
a qualquer motivo.

capitão galeano

– (h)amares:
desarmar!

diminuto

armar-se
amar-se
amar
se amares.

n

nós
nos
nós
desatando tudo.
nós
nus
nós
descobrindo tudo.

crescente

sol
de
lua
vive
o mar.

aforismo 3.17

insone:
ser em alta produtividade madrugal
e compromissos
logo de manhã cedo.

aforismo de verão

calor:
o amor nas suas mais diversas fases
de ebulição.

aforismo 11

sardas:
resquícios de constelações cadentes
na epiderme feminina.

semiautomático

e como cê tá?
– pesando a vida.

retórica

e o coração?
– cheio de gente...

entrevista

então, qual a tua maior inspiração?
– bem... é... eu bebo no amor.

[esperando que um dia ele beba de mim.]

maré

qual estado dele?
um aguaceiro só...
disse que alaga,
afoga,
mas não seca!

sinestésica

como é que ela era?
– era toda cor e gosto de água de coco,
cheiro de sol e constelações no rosto.

são pedro

os meus amores foram
postos em nuvens
e eu fico rezando,
todo dia,
pra o céu despencar.

estômago i

como foi teu dia?
– tranquilo... o coração foi parar no estômago
umas quatro, cinco vezes.

estômago iii

por certo tempo,
namorei alguém que
tinha sérios problemas estomacais
as dores apareciam por lembranças
nunca me disse,
se boas ou más...
acredito eu, que por más.
um filme doía,
uma música doía,
um livro doía,
uma foto doía...
por mim, nunca doeu.
até eu perceber que os sentimentos nascem do estômago
e quem passou a doer fui eu.

graphos

deu duas piscadas,
esfregou os olhos,
mirou no livro e leu horizontalmente:
"tudo é passível"
... concordou sem hesitar, afinal ser passível era
mais lógico que tudo ser possível.

estruturalismo amoroso

– amar é muito difícil,
aliás, o amor é muito difícil!
[disse a moça na mesa ao lado]

– moça, difícil é escrever um nome de
[estruturalista russo e o de nietzsche!
[disse um bêbado com um dostoiévski debaixo
do braço]

ilusão de botequim

duas pedrinhas de gelo
alguns goles de bebida barata
e a gente se ilude – achando –
que o amor morre
de frio e ressaca.

iv

das noites
em que o sono não vem,
chegam cartas,
nuvens,
perfumes
e lembranças cheias de desdém.

ida

passageiro
na ferida
estrangeiro
da própria vida.

ditado popular

quem procura desata!
sem clímax
ou catarse,
a vida se põe em nós.

saudade

a saudade
é o móvel da sala
range de dor
me assusta no escuro
e mansinho se cala.

cordis

heresia

das maiores heresias do amor:
é ter saudade
de quem um dia se abandonou.

da boca para dentro

e disse o poeta exaltado:
"detesto-a!
ela me causa a lira.
ela me (a) tira o sonho".

beatriz

beatriz?
é como esse vento
que passa
e a gente não percebe...
percebe, mas é tão súbito
que assanha o cabelo
d'uma forma que ele não volta mais...
é confundível com vento de chuva,
mas é só beatriz,
a passar pela vida da gente...
a de chico, a de tezza, a moça do café, todas!
mas nenhuma beatriz de nascença,
todas feitas na lira e na poesia.

alice

ali, não se via um pingo de nada
a única água que se via
era a lágrima
que escorria pela lateral do nariz
depois de meter a enxada no dedo mindinho.
era seco, seco...
o chão, a barriga, o coração.

mulher

par de fluidos
coxa e sangue
carne e anjo
morde na boca
o arame do gozo
rasga à unha
abre o cenho
deixa o sangue
escorrer pelas
pernas do tempo
engole o ar abafado
pelas frestas dos dentes
enxuga a ponte dos seios
salpicados de sardas e suor
e dilata em pelos.

carta aberta

eu pareço contigo
com tua amiga
com a prima do teu namorado
com a puta da esquina de rua da palma
com tua neta
com a filha do teu pai fora do casamento
com a menina que te cruzou no ônibus
com a cantora da tv dos anos 70
com a estranha que tu sonhou
com a ex que tu odeia
com a foto 3x4 de um morto num noticiário
com a vontade de uma foda
eu pareço comigo
mas não me conheço faz tempo.

matilde

já misturasse confeito de maçã verde com morango?
já percebesse como jujuba verde tem gosto de pinho sol?
não que eu já tenha bebido pinho sol...
mas é que as coisas têm gosto do cheiro que elas têm
matilde, tu gosta de mim?
– eu gosto de te ver comendo galinha cabidela.

benjamin

morreu,
ninguém sabe como.
se de cara para um poste
engolindo sal do mar,
ou se o coração saltou-lhe o peito.
morreu!!!
era o benfeitor do bairro,
malfeitor da própria vida.
dormia mal,
comia mal,
amava mal.
e no testamento,
entre números
e nomes de amantes, um pedido:
"por favor, que não me façam nome de rua".

joão

desfez a casa
(re)pousou em maria
e guardou-a bem debaixo da asa.

preta

tem calma,
preta,
o tempo nada mais é
que uma repetição de comemorações,
uma findável celebração à velhice.

passagem

tela em branco
sem traços, sem marcas
passam-se os ventos,
domingos
e a folha vira terra seca
terra de sertão
olhos fechados e rachaduras nas quinas
olhos abertos
e no rosto as marcas das circunstâncias
no canto dos lábios,
nas mãos,
a raiz vai secando
terra áspera, ferida de enxada,
nem lágrima se tem para regar.
folha amassada,
caminhos na pele que não mente as dores,
queimadura na alma,
sorriso, pequeno curativo...
amor no chão da pele
verniz, velhice e a...
tela em branco...

porta retrato de olho

minha segunda palavra sem dentes
dono da minha primeira montanha
primeiro porta retrato de olho,
que até hoje não sei a cor,
cor que não herdei...

herdei o livro e a fala,
o jeito e os dedos do pé,
a curva do rosto, e o amor contido.

ad

então morrer deve ser assim...
como dormir de tarde,
mas não acordar com o cheiro do jantar de mainha
sinalizando que ainda é dia.

sabático

de certo,
quiseres ser
só meu.
não tão certo,
quis eu
também ser
só meu.

mala e cuia

juro que não abri a porta
ou qualquer filete de luz
que desse na minha casa!
quando olhei para a sala
tava lá... mala, amor e cuia!
pintou tudo de branco
foi logo arrumando a bagunça,
o caos que havia sido deixado
meses e meses sem arrumar uma gaveta
sem tirar um grão de pó qualquer de cima dos livros
hesitei, assumo, desarrumei várias vezes
resistência (in)consciente já (des)esperada!
então cedi, cedi pelo cansaço,
ajudei a arrumar o quarto,
troquei o lençol, a música de fundo
e o cheiro dos (in)cômodos
não abri, nem fechei a porta,
deixei como estava
e antes que eu pudesse dormir,
achou a chave que eu havia perdido há meses
apagou as luzes, e deu a pele o que a pele precisava
outra pele, outro amor... de mala, carinho e cuia.

cafuné

e correndo
com as pontas dos dedos,
medo de assanhar
à palma da mão inteira,
o atrito...
o atrito inesperado
entre corpo,
cabelo e nuca.
o carinho que beira
à carne e à confidência
vai se findando
vão-se puxando
[poros, fogos e cabelos]
até virar suspiro,
sono,
fome e lembrança.

rascunho

e escreveu, no caderninho de escritos insones
as seguintes memórias:
"ela é um espaço entre uma linha e outra,
a pausa entre uma nota e outra.
ela é a calma despida em vento
entre uma respiração e um gole
de tinto,
de paz,
de tempo".

caderninho

levantou-se
às 2:59 da manhã
e anotou da caderneta:
"lembrar de mudar de amor e de travesseiro".

livreiro

quanto mais se compra livros
mais sobra espaço para lembranças,
mais se vive amores com nomes próprios
e amores próprios de sentimentos alheios.

ventilador

choveu ontem
a madrugada toda
soube que trovejou...
desculpa, meu ventilador tava no três
e o barulhinho dá a impressão
de que chove toda noite
deve ser a poeira...
se eu tenho medo de trovão?
eu tenho medo é de falta de amor.

não, hai cai, não

amar
durar
crescer
amor
duro
ser
ama- dure- cer
que seja, o amor é um prefixo constante.

mangueira

em todo bruto cimento
em cada embrutecimento
cai do pé
um coração
ainda verde.

biografia

tinha os olhos
do amor
toda vez
que ele mendigava
de fome.

de junho

por dois meses,
uma vez por semana
minha vida tentava ascender,
mas ignorava a rua harmonia,
e cruzava a estrada do arraial
para continuar a comemoração da vida
de quem nasce no inverno, mas tem alma de
fogueira são joão.

amorrádio

da galeria de amores desfilados a olhos quentinhos,
acabei por comprar o do "rádio na madrugada"
me derrubou na primeira música
e eu quis cair naquele tom
até o alvorecer dos meus cabelos.

h

a gente nunca está
a gente é
às vezes
e acaba
vez ou outra sendo.

exame

bateu de consultório em consultório,
pensou ser sopro no coração,
arritmia,
mas chegando ao ambulatório
à procura da denominação
descobriu!
sofria de sentimento nômade.

amortecedor

amor
tecer
a
dor.

rotina

esquenta os pés
esquenta as mãos
esquenta a ponta do nariz
esquenta a orelha direita
esquenta o ombro
amor, passa o lençol...
esfria o café
esfria o pão
esfria o leite
esfria a água do chuveiro
esfria a pele
esfria o cangote
amor, passa a chave...
morna a tarde
morna o chá
morna o chocolate
morna a água na chaleira
morna a bacia
morna a boca
morna a cama
amor, fecha a cortina.

rua da linha do trem

queria ter te conhecido quando criança
aos seis, você me negaria a primeira paçoca
e passaríamos juntas
pela fase de não querer tomar banho
aos oito, eu te veria andar de bicicleta
sem havaianas
enquanto eu fingia acreditar em deus
queria ter te conhecido quando criança
para nunca saber teu sobrenome
sobrenomes atrapalham todas as coisas outras.

pontilhado

ontem você me disse
que não gostava das sardas das suas costas
enquanto eu desenhava com os dedos
as constelações dos nossos signos
e elas, as sardas, arrepiavam-se
negando tudo que você acabara de dizer.

vidro temperado

pintura de nanquim
embrulhado em plástico bolha
um coração ainda em rascunho, com um aviso:
"frágil, essa parte para baixo".

rádio novela

liguei na nova brasil
e estava tocando gal
lembrei do dia em que você me disse:
"essa mulher grita demais"
e em seguida gritou com o cachorro
logo ele que ama, até hoje
quando ela diz que ama igual.

bula

todo dia
sempre que puder
de doze em doze horas
o médico recomendou caminhar
de oito em oito horas
tá doze por oito eu acho
de seis em seis horas
a rezadeira disse que era olhado
de homem e de mulher
de três em três anos
colocar dois dedos no pulso
para lembrar que ainda se está vivo.

mi despedacito de rio

me puxou pela mão
e me jogou de volta na vida
como quem olha as horas
como quem ajeita o cabelo
e faz um coque com os pensamentos.

a mulher do homem mais triste do mundo

para valter hugo mãe

era a mulher mais triste do mundo
ela quebrava pratos
e engolia os cacos
na tentativa que seu coração
se refizesse num mosaico.

dedicatória

"um abraço
[para quem]
vale mais
que minhas palavras."

Sumário

[re]
escova de dente, 9
abril, 10
morada, 11
dezembro, 12
luz vermelha, 13
efervescente, 14
chêro, 15
capitão galeano, 16
diminuto, 17
n, 18
crescente, 19
aforismo 3.17, 20
aforismo de verão, 21
aforismo 11, 22
semiautomático, 23
retórica, 24
entrevista, 25
maré, 26
sinestésica, 27

são pedro, 28
estômago i, 29
estômago iii, 30
graphos, 31
estruturalismo amoroso, 32
ilusão de botequim, 33
iv, 34
ida, 35
ditado popular, 36
saudade, 37

[cordis]
heresia, 39
da boca para dentro, 40
beatriz, 41
alice, 42
mulher, 43
carta aberta, 44
matilde, 45
benjamin, 46
joão, 47
preta, 48
passagem, 49
porta retrato de olho, 50
ad, 51
sabático, 52

mala e cuia, 53
cafuné, 54
rascunho, 55
caderninho, 56
livreiro, 57
ventilador, 58
não, hai cai, não, 59
mangueira, 60
biografia, 61
de junho, 62
amorrádio, 63
h, 64
exame, 65
amortecedor, 66
rotina, 67
rua da linha do trem, 68
pontilhado, 69
vidro temperado, 70
rádio novela, 71
bula, 72
mi despedacito de rio, 73
a mulher do homem mais triste do mundo, 74
dedicatória, 75

Este livro foi composto Adobe Garamond Pro, enquanto João Gilberto cantava *Tin tin por tin tin*, em julho de 2016, para a Editora Moinhos.